JN438176

삶이 시작되는 곳에 유혹이 있다

문학공원 시선 110

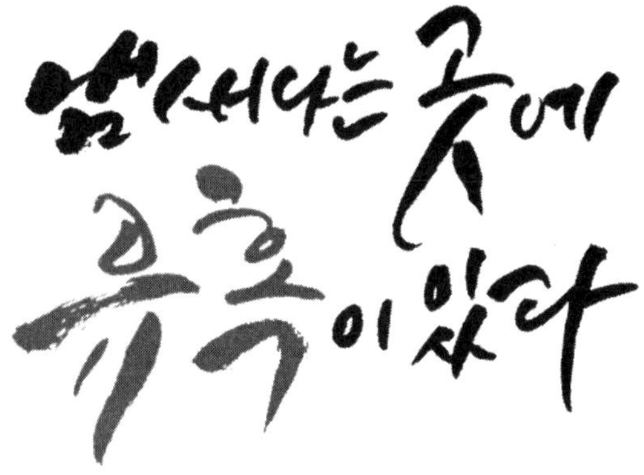

허용회 시집

문학공원

<서시>

접시(接詩)

언제부턴가
접신(接神) 이루어지듯
접시(接詩)가 이루어졌다

귀머거리 삼 년
벙어리 삼 년의 낯설고 고된 시집살이처럼
지난 세월은 질곡의 터널이었다

접시를 받고부터는
접신 후에 찾아드는 평안처럼
말문이 터지고 귀가 트였다

접시 위에 모로 누운 법성포산 참조기만 만나도
'왜 황금투구에 소위 계급장을 달았느냐'며 참견하고 싶어
뇌의 혀가 근질거린다

<시인의 말>

신선한 충격의 시를 만나고 싶어

시(詩)는 달관의 삶을 통한 자아의 사유가 어떤 현상과 조우하면서 그것에 대한 진중한 관조와 고찰을 통해 창조적 언어를 토악질하는, 즉 생각의 배설물이 이타적(利他的) 객체물로 거듭날 때 비로소 언어예술의 반열에 오른 작품으로 탄생될 수 있을 것이다.

작가는 보편적 관점에서 예술의 목적이 '창조 행위'이고 생의 목적이 '인생 즐기기'라고 가정한다면 이 두 가지 조건을 모두 충족시킬 때 비로소 시선(詩仙)의 세계에서 유유자적 노닐 수 있을 것이다.

이에 필자는 생의 대간(大幹)에서나마 일희일비하지 않고 '선계에서 벌을 받아 인간 세계로 쫓겨 왔다.'던 적선(謫仙) 이백처럼 보헤미안(Bohemian)의 생을 구가하며 유구일인지지(唯求一人之知)하는 마음으로 인문학적 시각에서 묵묵히 시의 내공을 농익혀 '신선한 충격의 시'를 만나고 싶다.

아울러 필자는 문인의 사명과도 같은 언어 확장은 물론 난세에 처한 몇몇의 파리한 영혼들에게 우군 같은 동아줄이 되기를 기원하는 마음으로 퇴고된 생각의 결과물을 민들레 홀씨처럼 이따금씩 쪽빛 창공에 흩뿌릴 것이다.

어느덧, 중앙문학지 · 일간지 · 라디오 등의 매체를 통해 꾸준히 발표해왔던 시와 미발표작 중에서 시선(詩選)해 엮은 세 번째 시집을 상재(上梓)하게 되었다.

회(回)를 더할수록 시적 청자(聽者)를 의식한 까닭일까? 엄폐된 정신세계를 무색 창에 투시(透視) 당한 양 '숫기가 사그라들고' 거듭된 퇴고(推敲) 작업에 '가일층 힘이 들었다'는 소회(所懷)를 밝힌다.

끝으로 내 겨레붙이(李收鎭, 智喚 · 瑞允….)의 힘찬 기상과 축복된 나날을 축원하며 지기님들의 많은 지도와 편달을 기대한다.

2016년 7월. 石蘭山房에서

CONTENTS

1부. 맑은 사람이 그립다

2부. 갈대는 혼자 눕지 않는다

3부. 꽃신호등

4부. 세 칸짜리 기차여행

5부. 생각이 고이니 눈물이 난다

1부
맑은 사람이 그립다

가을의 징후

문득
매미의 울음소리가 이방인처럼 느껴졌다

어젯밤엔
더위의 허리를 꺾어버린 승자처럼
귀뚜라미의 함성이 드세졌으니
정녕 가을이런가

염료 번지는 잎새의 끄트머리에 올라앉아
번지점프라도 하려는 듯
늦여름의 이슬방울이 몸집을 키우고

감나무에 걸터앉은 연시 몇 개는
옛 추억을 기억이라도 해낸 듯
오가는 사람들을 염탐하고 있다

며칠 전부터는
마을 입구의 길섶을 서성이던 코스모스가
하양 자주 분홍색의 옷고름을 풀어 제치고

수줍은 듯
홀리는 듯
화냥년처럼 춤사위를 벌이고 있다

(누구를 위한 몸부림이더냐?)

이 가을
염료에 푹 담그고 싶은 내 마음 자락은
달아난 가오리연처럼 가을 가지에 감겨
몇 날 며칠 밤낮을 하늘거릴 거다

골다공증

대한의 산맥이 늙어간다

암벽의 뼈대가 탄탄하고
청송이 노닐던 그 자리에
총 맞은 것처럼 구멍이 뻥 뚫려 있다

뼈 구멍 속으로 날파리 같은 차들이 드나들고
깎여나간 뼛속에선 진물이 흐른다

예전엔
산허리 넘어가던 지게꾼과
등산객이 쉬어가던 산자락이
추락사고, 위험 시대로 바뀌었다

늙은 산맥은
뼈대의 얼개에 바늘 같은 찬바람이 새어들어
밤낮없이 끙끙거린다

날파리는 신이 나서 싱싱거리고

구멍의 유인

구멍은
안락한 기억들이 녹아있는 자궁

삼백여 일 탯줄에 기생했던 기억과
유아시절, 놀랄 때면
무명치마를 떠들고 병아리처럼
어미 샅으로 숨어들었던 기억들이 녹슬어 있다

바늘구멍이라도 보이면
목구멍의 허기처럼
무언가를 밀어 넣어 채워주고 싶다

어디 내 생각뿐이랴

흙구덩이를 본 비바람도
몇 날 며칠
흙먼지를 날라 차곡이 메워놓은 적이 있었다

불두화가 아닌 이상
반듯한 자물통을 보는 순간
열쇠를 밀어 넣어 미지의 세계를 보고 싶을 게다

구멍은
나중에 등신불이 들어가야 할 또 다른 집

동안거(冬安居)

강물이
동안거용 안경을 썼다

숭어도
산사의 고승 따라 안경을 쓰고

대지는
설피, 이불 속으로 숨어들었다

동토와 경계가 모호한 강물은
하얀 거죽을 덮어쓰고 있는데

보안경을 쓴 것인가
돋보기를 쓴 것인가

이승의 생들이
외형의 성장을 멈추고
빈속을 채우는 동안거

빙하에 귀 기울여 강물의 묵언을 듣는다

맑은 사람이 그립다

맑은 사람이 그립다

눈빛이 샘물 같고
가슴은 쪽빛 하늘 같아
사유의 풍향계가
실개천에서 노니는 중태기 같은 사람

맑은 사람을 보면
언제 어디서나 등이라도 치고지고
낙화유수처럼 순응하고 싶다

맑은 사람과
말을 섞고 몸을 비비면
몸속에 백열등이 켜진 듯
제육감까지 가득찬다

맑은 사람과
한 공간에 갇히면

그 옛날, 어느 초가을
섬진강을 거슬러 오르던
은어의 수박 향 같은 신선함이
어느새 온몸에서 묻어난다

문구멍, 초승달

누구였을까?

태양이 서녘 산 뒤편 아궁이에 숨어
하늘을 벌겋게 물들일 무렵
동녘 하늘에 외눈 같은 문구멍이 뺑 뚫려 있다

어쩜
백두대간 구 정맥, 하늘 아래 첫 동네
첫날밤을 지새우는 지붕 밑, 구들장 위에서
부싯돌 밝히는 사람들 몇몇 있었으리라

하늘, 창호지를 구멍 낸 이는 기척도 없고
찢어진 문구멍만 하회탈처럼 웃고 있다

문구멍 밖은 왜 저리도 하얄까

아, 딱 걸렸다
문구멍에 눈동자 바짝 밀어넣고 지상을 엿보던 이가
길손과 눈 마주치니
새침데기 같이 검은 눈동자 뒤집어 까고
딴청을 피우고 있는 게다

물거울

농부는
밤새 방죽물을 퍼날라
논바닥에 물거울을 깔아놓았다

물거울은
할아버지 인기척 같은 멧비둘기의 울음소리
유년 시절을 바위틈에 숨겨놓은 뒷동산

청잣빛 하늘로 치장한 물거울이
제 속으로
트랙터를 앞세운
농부의 잿빛 그림자를 끌어안는다

붕, 트랙터가 물거울에
톱니바퀴를 맞물리고 써레질을 하자

새가 날아가고
부서진 산의 파편들이 논 개흙에 처박히고
농부와 하늘마저 휴지처럼 구겨진다

저기 찌그러진 물거울이 헛기침하며 달아난다

버섯

북서쪽, 그늘진 산자락에
나무의 골편이 흩어져 있다

나무의 진액은 패잔병처럼 끌텅으로 숨어들고
버섯이 그 동맥에 뿌리를 박고 있다

버섯은 나무 사체의 진액을
흡혈귀처럼 빨아먹고 사는데
어찌 이리도 향이 좋은가

버섯이 뿌리를 내렸다는 것은
이미 상대의 명줄이 실가리처럼 말라가고 있다는 것

하산 길처, 부로들의 얼굴에도
'향수의 재료'를 구하려는 그르누이[1)]처럼
검버섯들이 오종종 모여있다

---

1) 천재적인 후각의 소유자로 파트리크 쥐스킨트의 소설 『향수』에 등장하는 인물

버틸 수 있었던 것은

나무가 설국의 칼바람을
버틸 수 있었던 것은 새봄이 있었기 때문일 게다

된서리 맞고서야
설국에 소속된 나무들은
절규하듯 하늘을 향해 곱은 손 뻗어 올리며

한낮, 사선을 넘어 오선에 가까운 설한풍의 횡포에
짙게 뜬 초승달이 희멀겋게 사위어 갈 때까지
서러워서 꺼이꺼이 울었다

그렇게 여러 낮밤이 지난 어느 날

나무의 싹 밥이
사춘기 갓 접어든 아이의 젖무덤처럼
뾜속이 차 있는 것을 보았다

그리운 이 그리워
한 계절 먼저 나서는 나무들은
설아와 설화에 온몸이 꽁꽁 얼려도

표피 속으로 지기를 나르며
새봄 맞을 싹 밥을 차곡차곡 채우고 있었다

보름 냄새

시래기나물이 접시 위에 앉아있다

지난해 김장철
출가 소식을 알아차린 장인이 무 머리를 밀고
아내는 성한 무청을 추려 처마 밑에 매달았다

무는 동안거 한다고 토굴 속으로 숨어들고
시래기는 설경을 무대 삼아
승무 춤을 추며 야위어갔다

무는 생쥐 같이 토굴 속을 이따금씩 빠져나오고
잘 마른 시래기는 명태 빼먹듯 주방으로 찾아들었다

대보름을 십여 일 앞둔 저녁 밥상
보름 냄새 몇 가닥이 목구멍을 넘어간다

새봄 따러 가세

봄기운에 개울물 목이 트이고
햇살 훈김에 솜털오른 버들강아지 촐랑거린다

물오른 벼랑에 뿌리를 박고
입 축이는 진달래꽃 '봄'이라 할 때

묵은 낙엽 바삭이는 소리
발 아래 두고

들풀 새끼 잠에서 깨어나면
가시 엉기정기 난 두릅 가지 끝에서
봄 순을 따고

방충화에 논틀길은 까만 잿더미
엉겁결에 고개 내민 새싹에서
새봄을 캐세

팝콘 튀겨 얹어놓은 벚나무
봄 향기도 그윽하니

천장에 달등 내걸고
옹기종기 가슴 나누며 새봄 따러가세

생태계의 속내

꽃 필 때가
절정인 줄 아는 여느 세인과는 달리
꽃은 한갓 유혹에 지나지 않았다

낙화했다고
꽃이 시들었다고
아쉬워하는 여느 행락객과는 달리
낙화는 정작 임무를 다했다는 듯
대지 위에 마침표를 찍는다

낙화해야만 알토란같은 열매를 얻을 수 있다는
시장기를 달랠 수 있다는
여느 시린 생과는 달리

생태계는
정작 그것들을 원하지 않는다

곱게 치장된 살이 발리고
씨 껍데기까지 벗겨지고 나서야
생태계는 씨암닭같이 대지 속에 종(種)을 품었다

수석(壽石), 가부좌를 틀다

잘생긴 수석 한 점이
좌대 위에 앉아 있다

색(色) 형(形) 질(質)을 모두 갖춘
명문 집안의 자손들만이 틀 수 있다는 가부좌

암석에서 파석으로 분가하여
샛강에 이르러 수마되기까지는
세파에 잦은 생채기가 있었으리라

파(破) 있는 모서리는 정 맞아 떨어지고
개성 강한 부분만은 오롯이 지켜냈기에
어느 탐석가에게 장원석으로 뽑혔으리라

생명을 가진 돌, 수석이여

너는 무슨 조화를 부렸기에
우주의 만상을 제 몸에 아로새겨놓고
고태(古態)감있게 가부좌를 틀고 있는가

수족관 속 해어(海魚)

관상어로 키워 봄직한 해어가
겁먹은 표정으로 대로변 수족관 속에 들어 있다

밤사이 날선 칼날이
살 틈을 바르고 핏물을 가르면

붉은 영혼들이 도마의 처진 모서리를 타고
조락하는 동백꽃처럼 뚝뚝 떨어져
미식가들이 수런대는 만가를 뒤로한 채
수채를 빠져나가 바다 쪽으로 줄행랑을 쳤을 것이다
(그놈의 회귀본능이 황천길의 첩경인 것을…)

회 담긴 접시가 주방을 빠져나올 때까지
아귀수라장의 동선을 헤아릴 틈이 없던 미식가들은
소주 한 두병씩 차고 앉아
날선 칼날의 편이 되어
침 고인 어금니로 살점을 짓이기며 열락했을 것이다

묵내뢰를 앓고 있을 해어들이
아무 일도 없었다는 듯 시치미를 떼는 넉살에
마주치는 시선이 송연해지고
돌아서는 발길은 뜨악하다[2)]

---

2) 마음이 선뜻 내키지 않아 꺼림칙하고 싶다

어제 한낮
그 수족관 속의 개체 수가 절반 정도 줄어 있다
(그 관(館)이 그 놈의 관(棺)이 될 줄이야)

이 가슴에도 물이 오른다

찬란한 봄이 한 나절만에 내게로 왔다

산내면 왕고로쇠가
지리산맥의 진액을 빨아올려
마을 어귀로 내뱉던 호스가 말라갈 무렵

현철마을 어귀, 돌담가에 기대선
산수유 가지 위의 샛노란 꽃잎이

다압면, 섬진강변
언덕 저편으로 번지는 매화꽃이

봄빛 머금은 통영 앞바다를 삼킬듯
빠끔거리는 꽃멍게가
그리고 가자미쑥국을 나누며
추억과 향수를 고이게 하던 활어시장 상인들이

거제도 대금산, 진분홍 진달래가
치맛자락을 찰랑거릴 때마다
수면 위로 솟구치는 바람난 숭어가

흑백사진 속으로 유영하거나
동공에 수채화 물감을 풀어줄 때면

봇물 터진 듯
이 가슴에도 물이 오른다

짝지기

무작스런 짝지기[3]는
너울가지를 흔들어 잠든 영혼을 깨우거나
성 유인 물질로 상대를 유혹했다

짝에 대한 그리움의 산란은 집착으로 이어지고
사랑의 허기는
미식가처럼 정교를 주문했다

욕정이 쇳물처럼 들끓어 오를 땐
거웃은 아메리카 들소가 혀로 핥은 듯
발기된 살가죽에 납작 들러붙어 있다가

욕정이 사위었을 땐
바람 빠진 고무풍선이나
제단에 나부끼던 깃발처럼 황량했다

짝의 속살엔
악어의 눈물 같은 집시랑물이
배부르게 뚝뚝 고여드는데

---

3) '짝(상대)을 지키려는 사람'을 이르는 造語

천기누설

신은
앵무새 같은 소소배들을 경계했다

천기와 지기가 음양 교합을 하면
통정 소리에 지천이 흔들렸다

한여름 무더위에 툭하고 땡감 하나 빠뜨리면
으매, 네 몸이 가난해서 식솔 하나 덜었구나

뻐꾸기가 탁란하면
이 세상은 염치없는 탁류 세계와
원수까지도 보듬는 옥계청류의 세계가 공존한다는 귀띔이요

족제비가 들짐승을 잡아먹고
거친 들풀을 삼키는 것은
'인간들도 섭생하라' 이르는 말인가

지기를 먹고 사는 식물의 입이 뿌리라면
천기를 먹고 사는 인간의 입은 머리카락?

쉿…

해맞이

새해의 황금 비늘이
동녘 바다 밑에서 번뜩였다

새벽잠 설쳐가며 대물을 낚으러 온 사람들이
수면 아래서 꿈틀대는 해의 몸짓을 눈치챘다

살 에이는 칼바람에도
시선 미늘을 동편에 던져 놓은 사람들은
야밤, 올빼미의 동공 흉내를 내더니

황금 비늘이 바다의 천장을 들쑤시는 순간
누군가가 시선(視線) 줄을 팽팽히 잡아 당겼다

감성돔 같이 펄떡펄떡한 불잉걸 하나가
시선 미늘에 꿰어 수면 위로 올라오고 있는데
건강 행복 부귀가 줄줄이 따라 나오고 있다

2부
갈대는 혼자 눕지 않는다

갈대는 혼자 눕지 않는다

새벽이슬로 단장한
갈대는 혼자 눕지 않는다

피카소와 아리스토텔레스를 만났을 땐
생각 한 움큼씩 끌어안고 누웠다

거친 세파가 밀어붙일 땐
명줄을 잇고자 바람과 함께 누웠고

제 좋을 땐
봉창을 사선으로 훑고 지나가는
장대비 한줄기 부여잡고 누웠다

슬픔과 행복이 교차하는 순간에도
언제나 갈대는 혼자 눕지 않는다

관쇠의 반려

어느 날
나는 관쇠의 뭉툭해진 왼쪽 손목을 보았다

관쇠는
오늘도 '소 앞발을 잘라 달라'는 주문을 받고
햇살 몇 점 물고 있는 전기톱에 쇠뼈를 자르고 있다

나는 차마
그 광경을 볼 수 없어

시선을 창밖, 까치 밥상머리 앞에서 노래하고 있는
참새의 부리에 얹었다

그러면서도
나는 쇠뼈 고은 멀국에 밥 몇 숟가락 말아먹자고
고문대나 다름없는 전기톱 앞에 관쇠를 세운 게지

손목과 손등의 경계를 그었을
그 때의 전율에 몸서리를 치면서도
시방 내 창자는 시장기를 느낀다

오늘도 관쇠는
자신을 물어뜯었던 반려와 함께 살아가고 있다

꾼과 구경꾼

꾼들에게서 포수 냄새가 났다

눈동자 속엔
매가 둥지를 틀고 살지만
외모는 바람 한 점 없는 들판 같다

꾼의 몸놀림은 잰 걸음에 잰 머리 회전
느린 것 같은 유연함이 동공과 심장까지 흡입한다

버선발에 고명까지 얹은 꾼들의 언어는 맛깔스럽다

구경꾼들은
사냥개가 포수에게 꼬리를 흔들 듯
마술에 걸려든 듯 유순하다

그러나 손가락으로 툭 튕기면
나 쓰러질 것 같던 구경꾼도
꾼 아닌 자 앞에서는 꾼 행세를 했다

네온사인

흥에 질펀한 노래방의 네온사인은

닌자 검에 난도질당한 횟집의 네온사인은
기름에 노릇노릇 튀겨진 치킨집의 네온사인은
좀벌레에 빠끔빠끔 구멍 난 헌책방의 네온사인은
술독에 빠져 휘청거리는 선술집의 네온사인은
향수에 절은 룸살롱의 네온사인은

밤만 되면

카바레의 춤꾼처럼 손을 내밀거나
카사노바처럼 끼 있는 윙크를 날린다

거미가 그물망을 쳐놓고 먹잇감을 노리는 것처럼

앵벌이, 네온사인은
꼬리를 살랑살랑 흔들며
길거리를 방황하는 돈 냄새를 사냥개처럼 맡고 있다

주인의 애미시스트(Amethyst) 콘택트렌즈를 끼고

녹(綠)

귀신 씨나락 까먹듯 는개 내리던 날
썩은 함석지붕에서
붉은 녹 한 방울이 뚝 떨어진다

사춘기 학생들의 얼굴에선
활화산의 용트림처럼 누런 녹이 분출되고

하관된 망자의 몸에선
농익은 녹이 흘러내린다

십년지기, 쏘렌토는
슬은 녹 때문에 차체가 바서지고

시골 모 의원에서 녹 처방전을 받아든
노부의 자전거가
찌그럭, 통성을 지르며 지나간다

라이트(Light)를 켜주세요

온 세상이 캄캄해요,
염전의 사금파리를 달궜던 불잉걸이
서쪽 바다 끄트머리로 잠수했어요

라이트를 켜주세요

사회생활에 지친 영육이
어둠과 빛의 경계를 물고
안식처를 찾고 있어요

뽕브라 넣은 저 달은 형광등을 켰네요

초름한 가슴들이 객사처럼 드나들었던
저 별들은 등대처럼 명멸(明滅)하고 있어요

불빛이 어둠을 빨아먹나요?
어둠이 불빛을 빨아먹나요?

혀끝이 옹알이하듯 젖내를 더듬고
해마[4]가 빨대를 물고 있어요

---

4) 뇌의 일부분으로 감정적인 행동 등을 조절하는 기관

이 영육의 블랙홀에 라이트를 켜주세요
경계선이 일렁거려 현기증이 나요

무전병, 귀뚜라미

겨드랑이의 땀샘을 메워가던 바람이
귀뚜라미의 타전소리를
탄피에 화약 쟁이듯 귓구멍 속으로 밀어 넣는다

낮에는 빨치산처럼 토굴 속에서 숨 죽여 살던 놈이
오밤중만 되면
외계 행성으로 상황보고 하느라 북새통이다

지금,
지구가 고요해 귀가 울고 있다고
국화향기 농염이 짙어가고 있다고
보름달이 수박 잘린 듯 반절로 쪼개졌다고
여문 곡식 입 안 가득 찰지겠다고
달콤한 밤 즐기는 자 몇 명 있다고
눈시울이 파리한 임 몇몇 있다고…

귀뚜라미는
지구인들이 모두 자는 줄 알고
무전병 같이 타전 날린다

바닷물은 짜다

지구의 모든 액체는 바다로 향했다

하늘에서 내려온 비와 눈이 그랬고
작두로 품어 올린 지하수가 그러했다

염속의 찌든 때가 빠져나오는
목욕탕 물이 그랬고
부산 자갈치시장의 시궁창 물이 그러했다

희로애락의 눈물샘에서 발원한 수분이 그랬고
영혼 떠난 폐가들을 품은 갠지스강도 그러했다

지구의 모든 액체는 바다로 향했다

서해 염전에서
지우금, 누대에 걸쳐 생의 염기를 퍼 올리고 있는데도
바닷물은 시방도 짜다
(오늘도 누군가의 염기가 흘러들었구나)

부성애

언제부턴가
우리의 생을 살고 있는 가시고기

쭉정이, 속살이 들춰질까 봐
조갈증나는 생을 살고 있다

새끼들 응석받이에
시너처럼 날아간 어정세월

속살은
오순도순 찢어 발겨져 흔적이 없고

등뼈만
희멀건 부대 속에 덩그마니 담겨 있다

산행 단상

지평의 거죽에 등을 대고 누워
두 다리를 반쯤 추어올린 와녀(臥女) 같은 산

저 멀리서 등산객들이
골산(骨山)을 이 같이 슬슬 기어오르거나
육산(陸山)에서 벼룩처럼 톡톡 튀어다닌다

산중의 적막을 깨는 기계톱의 굉음
'숲 가꾸기 사업' 명목으로 산의 터럭이 잘려나가고 있다

마을과 마을을 잇는 터널 공사 주변엔
산의 뼈대가 앙상하게 불거지고
각질 같은 너덜겅이 산허리에 떨어져 있다

하산하면서
사슴처럼 걸어온 길 뒤돌아보면
산마루에 산의 터럭이 삐쭉삐쭉 서 있다

귀갓길 서두르는 들녘에 어스름이 찾아들고
산촌 길처에 듬성듬성 백열등이 켜지면

어느 집이라도 찾아들어
'옛날 옛날에…'
할머니의 구수한 입담 한 번 느끼고 싶다

삼복더위

삼복 햇살이 골풀무에 녹아내린다

인(人) 가죽 눅눅…, 끈적이고
물거울의 피사체 윤곽이 또렷하다

새벽부터 방죽 물에 몸 불리던 하늘은
뱃살 한 번 움직이질 않는다

구름이 계곡 주변을 머뭇거릴 땐
고추잠자리의 뒤꽁무니가 빨갛게 타들어가고

매미가 등가죽이 뜨겁다고 아우성치면
쌔근쌔근, 감 여물어가는 소리 들린다

피서객 북적이는 저 다리 밑엔
옛 거지가 없다

상 어른

사시사철 생의 심지가 타들어가는
상 어른의 몸에서 단풍잎 냄새가 났다

국궁처럼 휜 어깨엔
전사의 영광스런 생채기가 아른거리고

이 악물며 살았던 젊은 날들은
상 어른의 퇴적층 같은 이빨을 발치해 갔다

듬성드뭇해진 이와 머리숱
틈새 벌어진 뼛구멍과 생각들은
바라보는 이의 양심에 비수를 꽂는다

속이 쓰려도 웃고
고초 내음 내풍기면서도 '나는 괜찮다'
꽃대 밀어올린 천마처럼 속 빈 상 어른이
내어준 몫이 제 곳간에 쌓인 양 싱긋빙긋거리고

설국(雪國)

폭풍한설 꼬리 놓은 세상은
망울 터트린 목화 꽃들로 포근하다

개떼, 등산객들은 여명 벽두부터 모악산에 올라
숫눈 위에 찍힌 제 사진들을 전시해 놓았다

힘차게 내딛는 발걸음에
눈길은 반갑다고 뽀드득뽀드득

시근덕대며 오른 산마루에서
눈 방석 등에 깔고 올려다보면
눈의 뼈들이 나뭇가지에 걸려 있다

산 오르며 찍어 놓은 발자국
한 발짝 한 발짝 되돌려오면

이제나저제나 주차장에서 기다리고 있던 차창에
눈들이 망부석처럼 얼음 꽃으로 피어 있다

성인들의 초상화, 돈

환영일까

KH 1689828 B, 수인번호를 붙인
퇴계 선생이 붉은색 도포를 입고
어린 아이 손아귀로 들어간다

DL 0122291 F, 수인번호를 붙인
율곡 선생이 밤색 도포를 입고
할머니 쌈지 속에 들어 앉아 있다

수인번호 HE 2996719 J를 붙인
세종대왕이 푸른색 어의를 입고
벽금고, 유치장 속에 갇혀 있다

수인번호 AH 0521250 E를 붙인
신사임당이 황금색 한복을 입고
사설 장식장 속에 갇혀 있다

피를 팔아 받은 돈
뼈를 깎아 맞바꾼 성인들의 초상화에는
노예의 근성과 땀내가 배어 있고
이 생의 속앓이가 암각화처럼 새겨져 있다

세신(洗身)

세신은 사람만 하는 것이 아니다

번식과 유혹을 꿈꾸는 모든 생들도
세신을 하고 있는 것이다

야생화를 보아라

틈틈이 빗방울과 새벽이슬로 세신을 하고
햇살 아래 내미는 그들의 얼굴은 얼마나 아름다우냐

벌 나비와 비바람까지도
그들을 찾는 이유는
때 묻지 않은 영혼과 유희가 있었기 때문일 게다

생들아
세신할 땐 오감의 촉수에 낀
생의 염증도 함께 씻자

여행

여행은 사회의 묵은 때를 부려놓고
바람처럼 나설 일이다

사유에 담아둔
모든 색을 비워내고
하얀 보자기 하나씩 챙겨
표연히 떠날 일이다

낯선 풍광에서 감탄을 찾고
생경한 문화 속에서 행복을 얻고
익숙한 아상은 유기시킬 일이다

바람 같이 나섰다가
부메랑처럼 돌아와 보면

사유의 채도가
시루 속 콩나물처럼 한 뼘 더 높아져 있다

첫눈

어느 해, 소설(小雪)이 지나 삼일 째 되던 날

첫눈은 우체국 창문 밖에서 온종일 풀풀 내리고

나뭇가지는 추워서

시간이 쌓일수록 두터운 목화 옷을 껴입었다

'닭의 모가지를 비틀어도 새벽이 온다'던 거산(巨山)은

미수에 객장 TV 속에서 하관되고

조급히 흐르는 시간을 아쉬워하던 사람들이

초침의 끄트머리를 부여잡아도 오늘은 갔다

다음 날 출근 벽두부터

귓바퀴에 쌓이는 소리, 전주 적설량 20cm…

희망사항

내 속으로 유입된 개흙이나
사회의 니코틴이 한지에 걸러져
장독대 위에 떠놓은
정화수처럼 맑아졌으면 좋겠습니다

그리고
이 양손에
언제나 맑은 영혼의 어여쁜 손들이
매듭처럼 얹혀지고
금수강산의 계곡물 보듯
서로의 해맑은 사유를 들여다보며
새벽녘, 갈대숲을 저공 비행하는
기러기 한 쌍처럼 감흥이 일었으면 좋겠습니다

그래서
그리운 밤이면
명징한 사람들과 한데 모여
황진이 같은 달을 머리에 이고
덩실덩실, 가무를 즐겼으면 좋겠습니다

아울러
'당신은 사랑받기 위해 태어난 사람
당신의 삶 속에서 그 사랑 받고 있지요'[5]라는 가사처럼
사랑과 행복의 기쁨을 함께 나눴으면 좋겠습니다

---

5) '당신은 사랑받기 위해' 노래의 한 구절

3부
꽃신호등

가죽옷 한 벌

어매는
이승에 태어난 기념으로
가죽옷 한 벌을 해주셨지

나는 잃어버릴까 봐
그 어디에서도 가죽옷은 벗어본 적이 없어

지난 풍파에 닳고 닳았지만
정갈히 꿰맨 흔적들
걸레스님의 누더기 같네

그래도
이 생에서 가장 아끼는
가죽옷 한 벌

골방 단상

별 좋은 오후
등 따시고 배불러
골방에서 엎치락뒤치락하던 날

방 공기가 호수의 물거울처럼 잔잔하니
파리의 날갯짓이 비둘기의 횃소리 같다

내동 하얗던 뇌는
그대의 선연한 그리움을 필름으로 떠놓고
피코[6]세계로 골배질한다

---

6) 그 단위의 10^{-12}승배임을 나타내는 말

그리움

내 노닐던 옛 곳을 찾아 나서는 마음은
그리움 때문일까?

어릴 적 눈 때 묻은 산천과
꼬막손 휘적이며 뛰놀던 고샅길은 그대로인데
빛바래거나 딴청부리는 가옥과 방장의 문패는
그때의 그것이 아니네

그럴 줄 뻔히 알면서도
한껏 불러보는 이름, '어이, 친구'

방문을 열어젖힐까
주춤거리는 발걸음에
갓 전선줄 스쳐가는 바람만
우여우여 기척을 하네

삼경사 약수로 갈급증 달래놓고
남고산성에 올라
솔개처럼 천경대 만경대 억경대[7]를 맴도는 것은
그리운 옛 것 하나 훔켜잡고 싶어서일까?

---

7) 전북 전주 '남고산성'을 이루고 있는 성곽

기수(汽水)역

기수[8]역을 눈앞에 두고
생의 시계바늘을 거꾸로 돌려본다

옹애하고
이 생에 떨어뜨렸던 첫 낙루가
실개천을 지나 샛강에 이르고
생의 기항지, 기수가 두 팔을 벌리고 있다

생의 인연들로 집착했던 지난날들은
고래심줄 같은 몇 가닥만 추려
닻처럼 폐부 깊숙이 내려놓는다

오늘 또, 하루 더
생이 이울었음을 느낄 때
귀밑머리 단풍이 노도(怒濤)처럼 번져 들고
심골 속에 침잠된 아쉬움들이 드문드문 골마지처럼 떠오른다

---

8) 바닷물과 민물이 섞여 염분이 적은 물

꼭지

예전엔 새끼들과 함께
요기를 했던 꼭지였다

이즈음엔 새끼들이 찾지 않았으므로
수맥이 말라 버렸다

그래도
어매가 그리워
이따금 빨아보는 빈 꼭지

전사의 상흔 같은
거무스레한 녹이
젖꽃판에 토돌도돌 슬어 있다

꽃신

이 생에 가장 포근했던 이름이여
이 생에 가장 안타까웠던 이름이여
이젠 귀환할 수도 없는 당신이여

감꽃 떨어지던 오월의 어느 날
당신은 오색 꽃신을 신고
훨훨 여행을 떠났습니다

이승의 모든 짐을
벙어리 냉가슴 속에 묻어둔 채
이승의 애환을
한 뼘 남짓, 싸늘한 얼굴에 새겨둔 채
다음 행선지로 떠났습니다

이번 여행에서 베푼
이자도 채 돌려받지 못했던 당신은
어찌하여 또 하늘이 되고 땅이 되어
이승의 생들을 껴안았습니까?

올려다보는 오월의 하늘 사이로
사뿐사뿐, 그리운 당신이 보입니다

꽃신호등

내 산방(山房) 터에서
유유자적 노닐던 발걸음이 갑자기 멈춰 섰다
(빨간 신호등이 켜졌기 때문이다)

몇 해 전, 어버이날
딸아이가 화단에 심어놓은 나무에 꽃이 피었다
빨간 장미 꽃송이가
'어여쁜 자태 좀 쳐다보고 가라'고 한다

나라는 채마는 더디 나와서
애끓는 심정으로
짓이기듯 잡풀 위를 걷는 발걸음이 거침 없다
(파란 잡풀들이 즐비했기 때문이다)

종횡무진 내딛던 발걸음이 갑자기 돌아서 간다
(노란 신호등이 켜졌기 때문이다)

하마터면 밟힐 뻔 했던 샛노란 민들레꽃이
'모질게도 살아온 생들을 제발 좀 짓밟지 말라'고 한다

조금 더 천천히
조금 더 자세히 들여다보면
속내까지 훤히 보이는 꽃신호등

다시 군대 가던 날

아들, 지환이는
대한의 아들이 되고자 군대를 갔다

그동안 모아온 청초한 추억들을
뇌리의 백사장에 묻어두고
폐부의 갈피에 애인 한 명쯤 숨겨
논산훈련소 25연대 입영 행사장으로 떠났다

'엄마 아빠 사랑해요'라는 말을 건네며
가슴을 맞댈 땐
아들의 눈시울이 금세 붉어지고
내 심장도 목울대까지 치켜 올라왔다

빛바랜 나의 군화 자국은
기억 저편의 언저리에 찍혀있을 뿐
흔적조차 없던 논산훈련소 연병장에
나 아닌 내가 서 있다

마모된 철모가 얼굴을 반쯤 삼키고
황토에 절은 훈련복장으로 핏대 세우며
행군 간에 군가를 불렀던 아리한 추억들이
아들의 낯빛에서 생수처럼 쏟아져 나온다

아들아
내가 걸었던 것처럼
너 또한 그 길을 가야만 한다

우리 함께 가슴 저미는 시련이 있을지라도

땟국, 골동품 경매장에서

골동품에는
땟국이 젓국처럼 스며있다

적송을 켜 만든 진열장을
한 자리씩 차지하고 있는 골동품들은
어느 시린 땟국이 덕지덕지 붙어있을지라도
기시감이 들어 낯설지 않다

나는
어느 누대 어머니들의 땟국이
흠씬 묻은 개다리소반 위에
양푼 한 개와 접시 몇 개를 올려놓고
어매의 땟국물로 차려진 콩나물무밥을 먹어본다

언젠가, 군 제대 후 초년
동부시장[9] 왕대포 집에서 병치 회와 깻잎을 안주 삼아
소주병을 비워내던 땟국물도
뇌리의 꼬질꼬질한 골을 타고 흘러내린다

땟국물을 그리워하는 내게
세월의 땟국은 먼지처럼 쌓여가고
내 여자에겐 인연의 땟국물이 난마처럼 얽혀간다
젓국처럼 감칠맛 나는

---

9) 전주시 완산구 교동에 위치한 재래시장

봄맞이

강남에서 돌아온 지지배배 소리와
제주 유채꽃의 노란 향기는 산허리를 휘감으며
먼 산 계곡의 숨 트인 물줄기를 따라서 처마 밑으로 왔다

이맘때쯤 엄닌
겨우내 미루고 묵혀왔던
이불 홑청을 양가죽 벗겨내듯 훌렁 벗겨
마을 앞 또랑에 자리를 틀고 앉아

'추위야 가라
땀내 절은 묵은 때도 가고
지저분한 가난도 떠내려가라'는 듯
쑥비누10)를 흠뻑 먹여
빨랫방망이로 힘껏 두들겨 팼다

식구들의 목구멍을 책임지던 밥통이
한 자리 차지하고 있던 22공탄 아랫목에
엄니가 증기기관차처럼 입김을 내뿜으며
언 손을 집어넣으면

---

10) 양잿물과 쌀겨를 섞어 만든 쑥떡 빛깔의 빨랫비누

개켜진 노리끼리한 목화솜이
구석기 시대의 오줌싸개가 그려놓은 듯한
어느 군주시대의 전도를
제 몸에 문신한 채 벌쓴 듯 윗목에서 무릎 꿇고 있었다

살다보면

살다보면
빠져나간 바닷가의 썰물 때문에
허전해하는 뭍의 마음을 헤아릴 때가 있다

살다보면
애드벌룬처럼 부푼 생각들 때문에
두목 답답해하는 아비의 심정을 헤아릴 때가 있다

속세와 선계

베이징, 어느 무대에 올려진
금면왕조(金面王朝)속에서
중국의 위대한 문화유산과 옛 왕조의 화려함을 보았다

중국 명소들을 만날 때마다
도원향에 닿은 듯 속세와 선계의 구분이 모호하다

인력을 과시한 곤명호와 만수산
왕권을 과시한 자금성과 구중궁궐
무협지 속에서나 볼 수 있었던 선경과 협곡들

과거사 속에는
도연명의 향내가 방감한데

요지경 속에는
웃통을 벗고 거리를 활보하는 한족의 후예들
관광객을 상대로
미끼치기하는 무치(無恥)한 성인 남녀들
흥정판에서 돌아서는 발길을
금세 따라 나서는 후려치기 반값들

속세와 선계의 경계를 밟고
이화원 물그림자에 아른거리는 적선(謫仙)을 만날 때
향신료 버무려진 바람이 콧구멍 속으로 파고든다

울릉도

곰삭은 암벽들이 군상을 품어서 좋다

가슴 속까지 넘실거리는
에메랄드빛 바다가 있어서 좋고
청량한 바람이 불어서 좋다

도동항, 부두는
낯익은 풍광이 있어서 정겹다

미늘에 꿰어
승천하는 어룡이 있어서 정겹고
다라이 속 활어를
오종종 파는 아낙들이 있어서 정겹다

울릉도 곁에는 독도가 있어서 외롭지 않다

포항항이 있어서 외롭지 않고
묵호항이 있어서 외롭지 않다

여행지, 울릉도에서
오랜만에 '노스텔지어'라는 친구를 만났다

콩 타작

불한당 같은 잡초의 횡포에
못 이겨낼 줄 알았던 콩떨기가 콩알 흘리며 웃고 있다

다무락 위에 팔 걸치고
대봉시 건네주던 감나무도 발그레 웃는다

대봉시는 땅이 먹고
잡초는 콩떨기가 먹었다

아버지가
콩떨기를 베어 마당에 엉글써하게 널어놓자
콩깍지와 콩알이 숨바꼭질을 즐긴다
(햇살이 콩깍지 속으로 숨어들자
 터진 웃음 참느라 찌익 찍…)

아버지는 대낮부터 콩깍지가 콩알 흘리며 웃고 있다고
생트집을 잡더니만
덕석 위에 모로 뉘어 놓고는 작대기를 내리치셨다

손목에 힘이 들어갈수록
손맛이 정겹다고
옛날이야기가 구수하다고
콩알들은 스카이콩콩 타는 듯 신이 났다

감나무는 난타 장단에 옛 감정 잡다가
아껴둔 대봉시 하나 빠뜨리고
검은콩 몇 말 챙긴 아버지는 콩깍지 입 버는 흉내를 내신다

풍요 속의 빈곤

그 옛날 머슴들은
없어서 못 먹고 주지 않아서 못 먹었다고 했다

엄닌
보릿고개 넘던 시절엔 없어서 못 먹고
노쇠해지니 입맛이 없어 못 먹겠다 하신다

배곯은 시절이 뒤꽁무니를 감춘 지 오래
먹을 것이 지천으로 넘쳐나는 세상
이래저래 찢긴 몸 구멍으로 허전함이 드나든다

정신이 부르면 배가 고프고
배가 부르면 정신이 고픈 생

피아골의 오색축제

지리산 피아골에서 초청장을 보내왔다

태초부터 해오던 오색축제

연곡사 녹차꽃이 스님의 미소 같이 하얗게 번지고
계곡에 누워 있던 바람은
버선발로 달려 나와 축객의 이마를 핥는다

피아골, 오색단풍이 카드섹션을 벌일 때

산허리를 화사(花蛇)처럼 휘감은 등산로에
내 생을 태웠던 시간들을 허물처럼 벗어두고

팔도방언과 눈 때 묻은 단풍잎 하나
마음 한 자락에 따 담는다

연곡사 해우소, 찰흙이 목탁 치는 소리
발뒤꿈치에서 멀어져 간다

허수아비 聯詩

1.
허수아비의 행색이 애처롭다
(아비의 몰골이 영락없는 품바 같다)

삐틀어진 이목구비에
헤진 윗도리 하나 걸치고
황새 여울목 넘겨다보듯 외발로 서 있다
(아비 이전의 행색은 저 모습이 아니었을 게다)

아비는 생의 허허벌판에서
어딘가를 물끄러미 주시하고 있는데

자식, 허수의 빈틈으로 스며드는
삭풍의 길목을 찾고 있는지도 모른다

허수아비의 소갈머리가
깊은 강물처럼 멍들어 가는데
우라질 새는 무슨…

2.
햇볕 여물어가던 날
주인이 물려준 남루 걸치고
농부의 땀 새지나 않을까
허수아비가 옷자락을 펄렁이며 새를 쫓고 있다

다랑이 논에서 추수가 한창인 농부의 속옷에
땀이 배어나올 때쯤이면
새참 내오는 아낙의 발걸음이 숨차고
일 거들지 못한 허수아비는
밀짚모자 꾹 눌러쓰고 서 있다

논틀길 위에 보도시 엉딩이 걸치고
새참 나누는 농부의 너털웃음에
삶은 고구마 냄새가 묻어나면
허기진 허수아비는 땅거지라도 되고 싶겠다

수확의 흐뭇함이 버무려진
농부의 담소에 '고맙다'는 말 한마디 섞이지 않자
허수아비는 삐쳐 뒤돌아 장승처럼 서 있다

4부
세 칸짜리 기차여행

갈보꽃 聯詩

1.
생의 그늘이 싫어서
꼭꼭 꽃잎을 닫아 둔 튤립이
육 폭, 빨간 치마를 펼쳐
도둑 같이 월담한 봄볕을 품었네

지난 늦은 가을날
시신을 돌담가에 풍장시켰던 나비의 영혼이
제 짝을 다시 찾은 양
치마 속에서 너울거리네

해거름이
서산마루에 걸터앉을 무렵
튤립은 밀이를 끝낸 듯 꽃잎을 닫네

2.
얼마나 지났을까?
고샅길에 수은등이 켜지고
권삼득로[11] 쇼윈도 속의 갈보꽃이
마네킹처럼 앉아있네

갈보꽃이
양귀비꽃보다도 더 이뻐서 슬픈 어스름밤

---

11) 전주시 덕진구 내 유곽을 끼고 있는 도로 명

나목(裸木)

나아목이 떨고 있다
바람이 나무의 옷을 벗겨버린 것이다

아니,
그리움에 타는 목마름으로 안달을 떨다가
바람을 핑계 삼아 나무가 옷을 벗었는지도 모른다

나목은 용도 폐기된 개짐들을 땅바닥에 풀어놓고
소슬바람의 갈기를 부여잡은 채 사선으로 서 있다

아니,
붉디붉은 사랑의 갈급증에
속살까지 내보이며 앙탈을 부리고 있는지도 모른다

언제부턴가
바람이 불면 나목이 울었다

바람이 나무의 옷을 벗기고
나무가 혼자서 옷을 벗고

냄새나는 곳에 유혹이 있다

꾸리꾸리 구린내가 난다
콧구멍을 틀어막고 얼굴상은 잡상(雜常)이다

두리번거리다 시선이 머문 곳은
잔디밭 위에 잘 차려진 개똥밥
쉬파리 큰 검정파리가 맛있게 식사 중이다

지글지글 단내가 난다
눈구멍을 틀어막고 얼굴상은 초상집이다

두리번거리다 코끝이 머문 곳은
아궁이 속에 박아놓은 군고구마
아이들이 숯검정을 묻혀가며 시식 중이다

반질반질 찌든 내가 난다
눈구멍을 활짝 열고 얼굴상은 쿤타킨테[12]다

두리번거리다 시선이 머문 곳은
백만장자의 지갑
가슴 시린 사람들이 즐겨 찾는다

---

12) 노예 사냥꾼에게 붙잡혀 최초로 미국에 끌려간 흑인 조상의 이름

솔솔 장(醬) 내가 난다
콧구멍은 돌아눕고 얼굴상은 오사리잡놈이다

두리번거리다가 발과 세 치 혀가 머문 곳은 솔섬
한 번도 마르지 않았으나 종그라기가 없는 새암
구수한 장맛 아는 사내들이 즐겨 찾는다

대지의 어른

어머니는 대지의 어른이셨다

평생 자식들의 눈에 아른거리는 형상은
허기 불감증을 앓는 고장 난 인간으로
모든 종(種)들을 품을 수 있고
자식들의 갈구까지도 발아시키는 대지였다

세파에 움츠려드는 이들에겐 등대 같은 인간
지친 영혼들이 기댈 수 있는 신 같은 인간
모든 그릇을 담아내는 가마솥 같은 인간

그 분들이 어른이셨고
그 어른이 어머니셨다

이승에서
어른 한 번 되지 못하고 죽어가는 짐승들은
승천하는 하얀 넋이 되고서야
깊은 명상에 잠길 게다

데칼코마니(decalcomanie)

가을빛, 쪽빛 양탄자를 덮고
서해 먼 바다의 불잉걸이 교접을 준비하고 있다

수평선을 접어
데칼코마니 화법으로 번져가는 꽃노을

파리한 생들의 가슴을 덥혔던 불잉걸이

새파랗고
새붉고
샛노랗고
새하얗고
아리까리했던 낮 역사의 속내를
안료에 테레핀 오일을 이겨 덧칠해놓은 화폭처럼

임무 교대를 위한 교접의식을 벌일 때

교대병, 초월(初月)이가
바람결에 일렁이는 검푸른 파도 위에 내려앉아
제 허벅지를 길게 늘어뜨려 하늘거리고 있다

오르가슴의 기미를 느낀 것인지

돋보기를 함부로 들이대지 마라

그대여

이젠 파리한 이들의 가슴에
돋보기를 함부로 들여대지 마라

달 밝은 밤, 서리했던 시절
젖무덤을 더듬듯 가슴 조이며
한 입 베어 물었던 검붉은 딸기 맛이 딱 좋았다고
훔친 사과가 더 맛있다고

그대의 생활엔 타협을 앞세우고
타인의 생활에는 원칙을 강요하는

그대는

정녕 그대의 가슴 밭에
사선으로 돋아난 아상을
돋보기로 들여다본 적이 있는가

바람

자태 들추지 않은 바람[13]은 수줍음 많은 여인
바람[14]은 그 여인을 보고 싶다

목마른 계절이 돌아오면 단숨결이 더욱 그립다

보여 다오
상사화(相思花)의 애끓는 구애를

들키면 어떠랴
길게 치켜세운 속눈썹에 마스카라 바르고
장지눈썹이 휘날리도록 월담을 한들…

'답답하다' 외치면
몸종 시켜 넌지시 연통 넣고는
먼 산 자작나무 숲에서 바람[15]기 삭이더니
솔가지 하나 흔들어 놓고 떠났다

배동바지,
쭉정이 바람도 그리움에 사무칠 때면
상사화(相思畵) 속의 주인공이 되고 싶겠다

---

13) a wind
14) desire
15) play with love

밤꽃축제

어느 율치재에서 유월의 행사가 열렸다
가시나무새를 위한 밤꽃축제라고 했다

이맘땐
저 비릿한 냄새가
생의 무게에 짓눌린 브래지어를 떠들리고

물컹한 제 몸을 부풀린 새들은
홀어미처럼 밤마다 경련을 했다

벌꿀 쟁이듯
빠끔빠금한 뼈 구멍에
밤꽃 향기 차오르면
예리한 가시나무가 더욱 그립다

불현듯 새 한 마리가
송골처럼 솟아올라 가시나무 숲을 향해 내리꽂는다
(이참에 홍조된 육체는 사망신고하고
장롱 속에 숨겨둔 속내는 개장할 모양이다)

아, 가시
(새가 대 가시에 찔렸나 보다)

드문드문 행사장을 찾아든 관객들이
하이에나처럼 가시나무 숲 주변을 기웃거릴 땐
거의, 석양천은 육고기처럼 붉었다

사랑하기 때문에

사랑하기 때문에 보낸다는
나약한 위선일랑 하지를 말자

일진(一陣)의 고통이 아닐 진대
한평생 생목 오를 가슴의 통풍을
객기 부리듯 찰나에 결정도 짓지 말자

할까 말까 망설여질 땐 말문을 열지 말고
쓸까 말까 망설여질 땐 지갑을 열자

있을 땐
서운치 않게 더 챙기고

생의 길고 긴 가을밤엔
인연들이 물들여준 추억의 보따리 하나씩 챙겨
생의 노독 쉬엄쉬엄 풀어나 보자

상사화(相思花)

일경오화(一莖五華), 상사화야
너는 누구를
그렇게 기다리고 있는 것이냐

주논개의 얼이 서린 대곡리 가는 길,
어느 후미진 돌담 주변을 서성이며
뽀얀 속살까지 쭉 꽃대궁으로 뽑아 올리고
얼마나 황망했기에
네 붉은 심장까지 뽑아들었느냐

누구를 홀리려고
삼십오 개의 속눈썹에 빨간 마스카라를 바르고
그렇게 요염하게 서 있는 것이더냐

오늘따라 네 속눈썹이
문어의 촉수 같아 소름까지 돋는구나

미동도 하지 않고
사방팔방을 뚫어지게 쳐다보며 궐련[16]하는 걸 보니
정녕 너는 누군가를 맞이하고 싶은 게로구나

---

16) 간절히 생각하며 그리워하는

일경오화, 상사화야
네가 찾고 있는 것이냐
네가 기다리고 있는 것이더냐
말을 해다오

생식(生殖)

이 세상 모든 동물은 교미의 산물

지우금, 누대 누대의 아비들은
생식의 기회를 얻고자
전사처럼 싸워왔을 것이다

승자의 전리품은 밀가루 반죽
종을 생식하고자 죽도록 치대다가
입이 벌어지는 순간
종의 파종은 시작되었을 것이다

여왕벌에게 생식을 마친 수벌이
사무라이가 할복하듯 제 생을 꺾고

모천으로 회귀한 연어들은
생기 불어넣은 정받이를 놓고서야
고단한 몸을 뉘었을 것이다

몸의 언어를 다 부리고
도솔천 어귀에서 가쁜 숨 몰아쉬는 생들은
승자로서 차세대의 붉은 만삭을 꿈꾸고

세 칸짜리 기차여행

고추잠자리가 부산하다
오색 일렁이는 들녘을
추수하느라 그런 것일까

혼자는 힘이 부쳐
제 꽁무니에 잠자리 한 칸 더 이어 달고

쪽빛 하늘 맞닿은 방천길을
부상열차처럼 내달린다

언뜻
새끼줄 기차놀이, 내 유년 시절을
잠자리 뒤꽁무니에 인능 이어 붙이고
세 칸짜리 기차여행을 떠난다

숯의 노래

창밖, 햇볕 고인 돌담 가에
봄의 전령들이 참새 떼처럼 내려앉는다

초겨울부터 봄을 빚던 동백은 여수 댁의 손이었고
매실나무는 은어 황어가 섬진강을 거슬러 오르다
빠뜨린 편린들을 백사장에 숨겨둔 다압 댁의 손이었다

산수유는 지리산 자락에 터를 일군 산동 댁의 손이었고
진달래는 지질이도 가난한 약산 댁의 손이었다

유채는 바람 여자 돌이 많다던 우도 댁의 손이었고
벚나무는 금산사 송광사 진해 은파 요천… 댁의 손
(왜 저들은 씨받이를 해야만 했을까?)

저마다 숯의 노래를 한 소쿠리씩 들고 앉아
꽃말의 전설을 들려주고 있다

오포 불던 그 시절
초점 풀린 동공이 멍을 때리고
기억을 더듬던 뇌가 손들과 LP판을 돌린다

찌직, 내 여자의 볼멘소리에 LP판이 튄다
괜스레 뒤란에 매어둔 불리[17]가 컹컹 짖는다

17) 진돗개 이름

연리지 사랑

모악산 마실 길을
금산사, 스님 같이 걷다보면
마주치는 소나무 연리지

네 것도
내 것도 아닌

팔뚝만한 가지를 가로질러
제 속에서 용출된 수액을
불경스럽게 나누고 있다

어느 누가
저렇게 열렬한 사랑을 했었던가

저 낙락장송 연리지는
성인식을 치르던 날부터

너도
나도 아닌

우리로 살고 있다

연말의 유흥가 스케치(Sketch)

12월 달력이
마지막 잎새처럼 벽에서 대롱거릴 때
유흥가는 분분하고 착란스럽다

무두질을 기루어하는 사내들은
염문의 샹그릴라(Shangrila)를 찾느라
윙크하는 네온사인 틈에서 회똘거린다

너울가지 좋은 사내는
파시에서 물 좋은 여인네를 차지하고
선웃음치며 다가선 한 여인은
몇 시간짜리 절조마저 휴지통에 구겨넣은 채
인역이 신은 굽 높이만큼이나 욕망을 도두세운다

술 음악과 음부탕자를 아우르는 보헤미안[18]의 공간에선
참람스럽게도 세종대왕과 신사임당까지 가세하여
어느 농익은 살내를 파고든다

사랑의 허기를 비워내느라 멀건이가 된 사내들은
샐녘이 되어서야 빛바랜 달빛가루 어깨에 지고
칼날 같이 시퍼런 귀갓길을 하늘하늘 걷고 있다

---

18) 속세의 관습이나 규율 따위를 무시하고 방랑하면서 자유분방한 삶을 사는 시인이나 예술가

영토, 섬

눈물이 흘러간 자리에 골이 생겼다

뻑뻑한 눈언저리에서 솟아난 눈물이
가슴을 굽이굽이 돌아서
바다로 흘러 들어갈 때
메말라가는 육신의 골은 더욱 깊다

어느 행복과 슬픔의 극한이 수맥으로 이어지면
지렁이가 기어간 듯
육신엔 문신 하나 또 남는다

생의 시간이 흘러갈수록
깎여지는 영토, 작아지는 섬 하나

바다 저편의 파랑(波浪) 위에 누워
생이 허기지고 살 냄새가 그리워질 땐
물밑 뻘 속에 손 집어넣어
옆 섬의 손을 꽉 잡는다

장미꽃

곱게 말린 꽃잎 비집고
성급히 내미는 콧등
임 오신다는 기별에 마중 나온 것인가

말도[19] 소금기 절여온 바람에
살포시 콧등 보이며
연분홍 치맛자락을 나풀거린다

백사장을 적셔드는 포말에도
갈증에 못 이겨 지그시 깨문 입술
라면 발 같은 가시 몇 개 바람에 떨고 있다

꽃잎 켜켜이 개어둔 속의 저 끝
칠흑의 어둠이 새고 밀물이 잦아들면

장미꽃은
그때서야 콧등을 모로 눕혀 곤히 잠이 들었다

---

19) 전북 군산시 옥도면 말도리에 있는 섬 이름

천둥소리

추녀 끝에
새벽이 주룩주룩 매달렸다

베개에 누인 귓속으로
하늘의 너덜겅 구르는 소리 들려오면
어김없이 청룡이 나타나 호되게 꾸짖었다

장대비도 무서워
대지 위로 내려와 숨는다

용마루가
무거워 보이는 아침

창문 밖, 거미가
빗방울에 찢겨진 그물코를 손질하려고
넌지시 똥구멍을 치켜든다

봉급쟁이 출근하기 바쁜 시간에

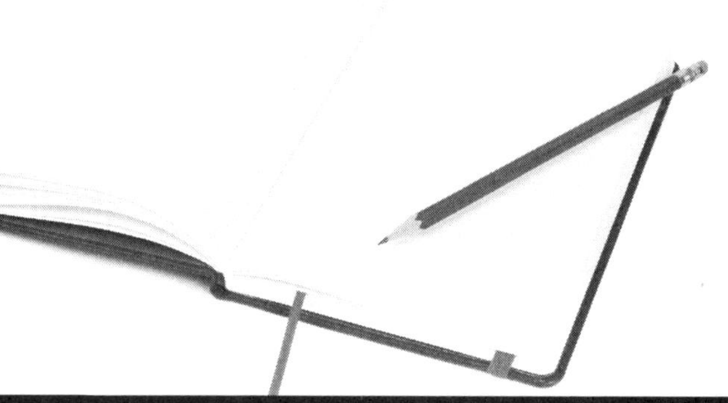

5부 생각이 고이니 눈물이 난다

고무줄 인구정책

1960년대 이전 : 다산다복(多男 선호);
(자연분만 무대책)

1960년대 : 덮어놓고 낳다보면 거지꼴을 못 면한다;
(머리빡에 서캐가 활보하고 코 밑에선 급행열차가 내달리던 보릿고개 시절)

1970년대 : 딸 아들 구별 말고 둘만 낳아 잘 기르자;
[정부에서 피임(하얀 알약 지원) 권장]

1980년대 : 잘 키운 딸 하나 열 아들 안 부럽다;
(예비군 동원훈련 첫날, 보건소 나부랭이들이 정관수술 권유)

1990년대 : 아빠 혼자는 싫어요 엄마 저도 동생을 갖고 싶어요;
(제왕절개와 분유 먹이던 일이 '배블렌효과'처럼 번지던 시절)

2000년대 : 임신한 당신의 모습이 가장 아름답습니다;
['2명 이상 낳자'는 출산운동(공동대표 손숙) 장려 / 임산부의 날 제정]

2010년대 : 임산부가 타고 있어요;
(출산장려 국민운동본부 출범 / 출산 장려금 정부지원)

2010년 이후 : 다산다복(多女 선호);
(대다수 선진국들이 꼬드기고 있는 출산 장려책)

기 충전

살다가
살다가

생의 기가 방전되거든
충전소로 가세

가족
깨달음
창조
멘토 대 멘티

봉사
사랑
종교
천기와 지기…

쓰다가
쓰다가

사람멀미로
또 방전 되거든

기 충전하러 얼른 가세나

노랑꽃의 길

언제부턴가 마음 밭에 뿌리내린
노랑꽃을 뵈러 가는 길

꼬라지가 싫어서 다시 찾은 고향의 터
있다 없어진 꽃의 길목은 적요의 슬픔

빗돌이 음택의 경계를 알리고
박석에 새긴 시민들의 애통에
현대판 고인돌은 속눈물을 흘리고 있다

꽃이었으나 꽃밭에 있기를 거부했던 꽃에게
시기와 오만의 서리는 언제 내렸던가

꽃은 꽃이 되고
벌 나비가 공존하는
'사람 사는 세상'을 기원했던 돌부처도
부엉이바위 가는 길, 길섶에 거꾸로 누워 있다

가슴과 가슴을 이어줄 꽃대궁을
힘껏 밀어 올리려다 부러져버린 노랑꽃을 기루어하며
찾아든 벌 나비들이
'공존과 통합'의 화분을 가슴에 묻혀
어디론가 서둘러 떠나고 있다

달팽이의 미학

둘레 마실 올레 길이
'달팽이처럼 살라' 한다

껍질 밖의 세상은
이기심과 아상이 판치는 세상
빨리빨리를 부추기는 디지털 시대
물질만능주의가 팽배한 비도덕적인 사회

아상과 인상의 각질을 녹여
껍질 속의 세계로 지그시 밀어 넣으면
몇몇 일 멀미 같은 이명이 찾아드는데

둘레 마실 올레 길이
'껍질 밖의 성질머리로는
달팽이의 미학을 이해할 수 없다'고…

마라강을 건너는 사람들

홍역처럼
마라강[20])을 도강 해야만 하는 사람들이
서울 한복판에서 우글거린다

세렝게티의 초지를 꿈꾸며
전철역으로 몰려드는 사람들

식인 악어처럼 달려든 전철이
그들을 집어 삼키고
한강을 건너가고 있다

푸르딩딩한 한 마리 악어처럼

---

20) 동아프리카 케냐와 탄자니아 국경지역에 흐르는 강

벽(壁)

드넓은 세상은 '제 공간이 아니다'며
벽을 세워
그 공간에 갇혀 산다

닫힌 공간에 틀어박혀야
안도하는 족속들

혼자 있으면 외로움이 덧나고
함께 있으면 '불편해서 힘들다'고 한다

이래도 상처
저래도 상처

아킬레스[21]처럼 강해지고 싶은 족속들이
제 영육을 꽁꽁 옭아매고는

빈틈으로 쏜살 같이 스며드는 바람에
가슴 시리다고 징징거린다

---

21) 그리스 신화의 영웅. 펠레우스(Peleus)와 바다의 여신 테티스(Thetis)의 아들 아킬레스(achilles)

산의 배설물

산은
배설물을 샅으로 쏟아내고

사람들은
그 배설물 속에 들어앉아 즐거워한다
(코끼리 똥 냄새를 맡은 사자처럼)

세인(世人)들의 배설물은 구저분한데
어이 산들의 배설물은 저리도 청정한가

저 묵은 산들은
요실금을 앓고 있는 신선

낮이나 밤이나 철 철 철…
샅으로 소변을 쏟아내고 있다

산촌 풍경

첩첩산중, 산골 마을이 어둑해지면
동네 어귀에 반딧불이 폭죽처럼 간간이 솟아오르고
깊은 밤, 은하수가 선녀처럼 물거울 위에 내려앉는다

반딧불이 시선을 하나 둘 가로지를 때마다

헌책방의 탕내 같은 어릴 적 추억은
이대역, 지하철 광고판처럼 휙 지나가고
지우개가 더듬고 간 옛 동무들의 얼굴이 아른거린다

달배 머슴
허리 같이 휜 돌담길을
가물가물한 월색이 어정거리면
산골 마을의 인기척은 안방으로 숨어들고

할매 할배들의 헛기침 소리와
귀농 부부의 풋풋한 이야기가
한여름 밤의 모깃불처럼 모락모락 피어오른다

생각이 고이니 눈물이 난다

겨우내 곰삭은 두엄 근처에
날파리 한두 마리 눈앞에서 아른거릴 땐
불쑥 그리움이 가슴의 기저에서 꿈실거린다

시간이 쌓여서 풍광이 되었다

체험이 고여서 추억이 되고
사유가 고여서 넋을 이루고
인상이 고여서 관상이 되었다

오늘 밤엔
하얀 밤을 가로지를 은하수를 펴다가
심장 하나 무저갱[22]에서 건져 올려 말갛게 단장시키고
호롱불처럼 거불거불한 화상 한번 만나볼 거나

이런저런 생각이 고이니 눈물이 난다

---

22) 악마가 벌을 받아 한번 떨어지면 헤어나지 못한다는 영원한 구렁텅이

악의 불꽃놀이

모래시계처럼
이승의 시간이 잘록한 허리를
반쯤 빠져나가던 한 때

내 심회(心懷)의 접시저울은
성악설 쪽으로 기울었다

인화(人花)의 고혹적인 향기에 마음을 주거나
측은지심만 먹고 살아도
녹녹치 않을 이승의 생인 것을

먼저 제 가슴에다 불을 지펴놓고
타인의 애간장까지 사르는 '악의 불꽃놀이'를
비루한 눈으로 지켜보는 생들은
어느 누구의 사주를 받은 것이더냐

여행 크로키(Croquis)

배설하고자 표연히 떠나는 여행길

다랑이논의 볏잎이
집시치마처럼 내려다보이는 언덕 위에
고즈넉이 앉아있는 고가 한 채
샛강의 물거울에 제 모습을 들여다보고 있다

고가에
때 묻은 권세가 엿보여 추연해지다가
간들거리는 감잎의 볕뉘[23]에 눈이 찔리고
매미의 인기척에 반갑게 놀라는 청각

툇마루 위 들창문은
서까래에 박쥐처럼 매달려 하품 중이다

강줄기를 가로지른 어망과는 상관없이
유유히 흐르는 저 강물은
바람의 아들인가
자유의 여신인가

그 누구의 행복한 배설인가

---

23) 작은 틈을 통하여 잠시 비치는 햇볕

오늘의 세계

버락 오바마(Barack obama)가
쿠바의 독립영웅 호세마르티 기념비에 헌화를 했다

여의도 국회는 터럭 뽑힌 듯
미운털 박힌 예비 후보자들의 춘투가 쥐불처럼 번졌다

시진핑(習近平)은
북쪽 마을, 핵탄두 불꽃놀이에 엉거주춤하더니
시주석 퇴진운동 공개서한 가담자 색출에는 토르 같다

지방자치 거리는
빨강 군청 연두색으로 분신술을 부린 정당 후보자들이 몸을 휘저으며 구조요칭을 하고 있다

섬진강변, 홍쌍리[24] 매실가 주변
백매화 홍매화(花)가 상춘객의 열어젖힌 가슴의 창에 활짝 피었다

24) 전남 광양시 다압면 청매실 농원 대표

우선순위

이승에서
제일 귀중한 일이 살고 귀천하는 일이요

그 다음이
겨레붙이의 산 입에 거미줄을 치지 않게 살아가는 일이요

그 다음
그 다음이
웃고 즐기는 일이라

그 다음
그 다음
그 다음 번째나
고뇌도 살아있어서 누리는 호사이거니

이승의 편린

온다는 것과 간다는 것의 공통점은
누군가가 우는 것이다니

태어날 때는 본인이 울고
떠나갈 때는 남아 있는 자가 울어주는 것이다니

태어날 때는 숫색시 홀리듯
탱글탱글했던 부대가죽이

어이 그 날은
시한삼동 황토밭에 나뒹구는 무 같다니

생의 비늘을 세우고 산다는 게
어디 그리 쉽다니

아마 세파에 오장육부를 간 맞춰 살다보니
인간 장아찌가 되었는 갑다

적요

시골 외딴집
추녀 끝에 둥지 튼 풍경이 울렸다
(누가 초인종을 누른 것이다)

그림자 길게 늘어지는 오후
적요로운 산골에 귀한 손님 오시는가

발목에 메모지 빠뜨린
멧비둘기의 횃소리가 허공을 가르고

구름은 산마루에 걸터앉아 쉬어갈 새도 없이
저리도 무심코 지나간다

노부부 시선이
그네 뛰는 풍경에 머물다가
바람에 몸을 맡긴 대숲에 머물다가는

마을 어귀, 정류장 주변에서 서성대는
바람의 동선을 좇고 있다

한담객설

'이승의 생이 검푸른 물결로 출렁이는 고해 속에 거한다'는 것을 알았다면
세파가 잦아들기를 바라는 기도는 하지를 마소

우리가 세파의 한 중심에 있음을 잊는 순간
또 영혼과 육신이 멍들어 가나니

그대가 거한 자리, 천하 제일경이요
그 자리에 너털웃음과
안락한 세계가 안개 속에 덮여있도다

고해를 벗어나고 싶거든
차라리 모세의 간절한 기도처럼
바다를 갈라 구원의 길을 택하는 편이 쉬우리로니

파도의 밀당에
생을 부표처럼 맡겨두고
요람이거니 하고 사는 편이 나으리로다

다만
콧구멍까지 넘실거리는 날 선 파도에 맞서
'헤쳐 나갈 수 있는 용기와 지혜를 주십사'
간절히 간절히 기도는 하소

황소 눈, 단속 카메라

황소 눈이
철봉대 아래, 도로 위에서 박쥐처럼 매달려 있다

봄 산과 겨울 산이
차창에 겹치는 오후의 풍경
햇살이 설산의 외투를 오려내고 있을 때

신나게 자동차 전용도로를 달리노라면
망대에 올라선 망수처럼, 텃세 부리는 멍첨지처럼
황소 눈이 길목을 지키고 있다

버럭 화가 치밀어오를 땐
어김없이 핏발선 눈으로 증빙사진을 찍어댄다

딩크(Dink)[25]족이 늘면서
경찰의 몫을 대신하고 있는 황소 눈이
오늘도 반사회질서인들에게 경고의 눈빛을 보내고 있다

---

25) Double Income No Kids의 약어

힘 있는 자의 전서

역사는 힘 있는 자의 전서였더라

힘은 권력에서 나오고
권력의 명목은
민초들을 팔아 '정의'라고 내세웠더라

백성은, 백성은 있되 나라님은 없었고
나라는, 나라님만 있되 백성과 정의는 견마였더라

권력과 돈의 시녀들이 바글거릴 땐
사기꾼과 도적님들도 버글거리더라

벙근 꽃들이 벌써 벌어져
꽃상여를 만들고 있는 중에도
권력의 정의는 얼마나 포장 되었던가

그 살붙이들의 애간장이 들끓는 고통 속에서

작품해설

관조의 심안를 통한 자신의 목소리

김 순 진(문학평론가 · 고려대 평생교육원 시창작과정 교수)

◆ 작품해설

관조의 심안 통한 자신의 목소리

- 김 순 진(문학평론가)

허용회 시인은 오랫동안 시를 써 온 사람이다. 그의 시 한 수 한 수를 심독(心讀)해 보면 우리네 삶을 용광로처럼 녹여 시집이라는 이 거푸집에 담아내고 있다. 그는 손으로는 사물의 마음을 어루만지고 마음으로는 사람의 영혼을 어루만져온 사람이다. 그래서일까? 그의 시들은 하나같이 사물의 마음을 읽어내고 있다. 그는 오랜 시간동안 지식경제부 산하 우정사업본부 공무원으로 일을 해왔다. 지금이야 택배와 금융, 보험까지 사업이 확장되어 우정사업본부라 칭하지만 옛날에는 단순히 편지를 보내고 전보를 치는 곳으로만 기능을 하던 시절이 있었다. 그런 시절에는 사람들의 문맹률이 높았으며 편지를 대필해주거나 대신 읽어주는 경우도 있었다. 전방으로 군에 갔던 아들이 전사했다는 전보가 날아들고, 한글을 모르던 시골의 노모가 우편배달부에게 전보 내용을 읽어달라고 하면, 우편배달부는 노모에게 "몸 성히 잘 있으니 걱정 마세요."라고 둘러대고는 혼자 소나무 숲으로 달려가 울던 영화의 한 장면이 떠오른다. 허용회 시인은 공무원으로서 우편배달부를 한 것은 아니지만 그가 글을 써온 시간은 실로 오래고,

평생 사람들의 마음을 옮기고 전하며 글로 담는 일을 해왔으니 그런 과정에서 생긴 에피소드나 사람살이에 관한 혜안은 이 시집 곳곳에 녹아있다고 할 수 있겠다. 따라서 나는 허용회 시인의 시를 자연에 띄우는 편지요, 독자에게 전하는 기쁨과 희망의 씨앗이라고 말하고 싶다. 그럼 여기서 허용회 시인의 시 몇 수를 읽어보면서 그의 시세계를 살펴보자.

겨드랑이의 땀샘을 메워가던 바람이
귀뚜라미의 타전소리를
탄피에 화약 쟁이듯 귓구멍 속으로 밀어넣는다

낮에는 빨치산처럼 토굴 속에서 숨 죽여 살던 놈이
오밤중만 되면
외계 행성으로 상황보고 하느라 북새통이다

지금,
지구가 고요해 귀가 울고 있다고
국화향기 농염이 짙어가고 있다고
보름달이 수박 잘린 듯 반절로 쪼개졌다고
여문 곡식 입 안 가득 찰지겠다고
달콤한 밤 즐기는 자 몇 명 있다고
눈시울이 파리한 임 몇몇 있다고…

귀뚜라미는
지구인들이 모두 자는 줄 알고
무전병 같이 타전 날린다

-「무전병, 귀뚜라미」 전문

우체국장 등으로 평생 봉사해온 허용회 시인에게는 귀뚜라미 소리조차 예사롭게 들리지 않는다. 우리가 귀뚜라미의 언어를 알아듣지 못해서 그렇지 허용회 시인의 말이 맞을 지도 모른다. "지금, 지구가 고요해 귀가 울고 있다고, 국화향기 농염이 짙어가고 있다고, 보름달이 수박 잘린 듯 반절로 쪼개졌다고, 여문 곡식 입 안 가득 찰지겠다고, 달콤한 밤 즐기는 자 몇 명 있다고, 눈시울이 파리한 임 몇몇 있다고…" 외계 행성으로 상황보고 하느라 타전을 치고 있는지도 모른다. 시인이 이 시에서 열거하는 것들은 우리들의 이상향이다. 허 시인의 생각은 매일 전쟁하다시피 시끄러운 지구가 조용했으면 좋겠다. 가을이 농익어 국화향기의 농염이 짙어갔으면 좋겠다. 너무 밝은 달 말고 반달 아래 사랑하는 임과 달콤한 밤을 즐겼으면 좋겠다. 그렇다. 세상이 조용해지고 반쯤 드리운 달 아래서 사랑하는 사람과 함께 있다고 생각해보라. 그것은 최고의 이데아가 아니겠는가? 허용회 시인은 세상의 속됨을 풍유하고 있는 것이다. 시에서는 표현이 반듯이 도덕적이고 도리에 알맞을 필요는 없다. 표현의 지나침은 해학이 되고, 풍자가 된다. 허용회 시인은 귀뚜라미를 통해 사람 사는 사회를 풍자하고 이데아를 형성하고 있는 것이다. 다음의 시 한 수를 더 읽어보자.

> 지평의 거죽에 등을 대고 누워
> 두 다리를 반쯤 추어올린 와녀(臥女) 같은 산
>
> 저 멀리서 등산객들이
> 골산(骨山)을 이 같이 슬슬 기어오르거나

육산(陸山)에서 벼룩처럼 톡톡 튀어다닌다

산중의 적막을 깨는 기계톱의 굉음
'숲 가꾸기 사업' 명목으로 산의 터럭이 잘려 나가고 있다

마을과 마을을 잇는 터널 공사 주변엔
산의 뼈대가 앙상하게 불거지고
각질 같은 너덜겅이 산허리에 떨어져 있다

하산하면서
사슴처럼 걸어온 길 뒤돌아보면
산마루에 산의 터럭이 삐쭉삐쭉 서 있다

귀갓길 서두르는 들녘에 어스름이 찾아들고
산촌 길처에 듬성듬성 백열등이 켜지면

어느 집이라도 찾아들어
'옛날 옛날에…'
할머니의 구수한 입담 한 번 느끼고 싶다

- 「산행 단상」 전문

우리나라 사람들은 현재 등산의 삼매경에 빠졌다. 휴일이면 가까운 산은 비켜설 자리가 없을 정도다. 인산인해라는 말이 맞을 것 같다. 각 지역마다 등산동호회가 수십 개씩 자생한다. 나도 서울의 서부지역에 소재를 둔 솔개산악회에서 수석부회장이란 직책을 맡아 자주 등산엘 가고 있다. 굳이 산악회에 들지 않더라도 동창회에서도 일 년에 서너 번씩 등산을 가곤 한다. 게다가 직장동료나 시인들까지 산악

회를 조직하여 산을 오르는데 열을 올린다. 한국문인산악회는 창립된 지도 벌써 30년이 다 되어가고 있다. 그렇게 많은 사람들이 산을 오르는 이유는 무엇일까? 우선 성인병이 많아진 요즘 사람들에게 건강에 대한 관심이 많아진 탓일 것 같다. 두 번째로는 그만큼 사람들의 소일꺼리가 없어졌다는 이유도 된다. 요즘 사람들은 환갑이면 청년이나 다름없다. 그런데 직장에서 환갑나이를 전후해서 퇴직을 한다. 그러나 곧바로 새로운 작장을 잡는 경우는 거의 드물다. 날마다 나가던 직장을 그만두고 집에서 나오긴 나와야 할 텐데 날마다 공원에 가서 그 많은 시간을 소일할 수는 없는 일이고 그래도 하루를 소비하면서 건강도 챙기고 땀 흘려 갈 곳이라곤 등산밖에 없는 것 같다. 시인의 눈에는 마치 산이 여인이 누워있는 것처럼 보인다. 그 산을 오르는 사람들이 이 같고 벼룩 같다고 말한다. 내려오면서 뒤를 돌아본 산은 나무가 삐쭉삐죽 서 있는 것이 마치 사람이나 짐승의 몸에 난 터럭 같다고 생각한다. 허용회 시인의 시에는 과거와 현재와 미래가 공존한다. 그래서 허전한 마음을 위로해 주고 바쁜 마음을 갈아 앉히며 늙으려는 마음을 다독여준다. 시인의 마음으로 난 길은 가지 못하는 길이 없다. 과거로도 다녀오고 미래로도 얼마든지 다녀올 수 있는 것이 시인의 세계다. 나도 할머니네 집이 개울 건너에 있었는데, 자두나무, 배나무, 앵두나무가 있고 바닥에 딸기가 줄기를 뻗으며 익어가던 뒤곁이 생각난다. 겨울방학에 나무를 해올 때면 할머니는 내게 화로에 찬밥과 김치를 썰어 넣고 참기름을 넣어 쓱쓱 비벼주시던 시절이 문득문득 그립다. 그런 시절의 구수한 할머니의 입담 한 번 느끼고 싶다

어느 해, 소설(小雪)이 지나 삼일 째 되던 날

첫눈은 우체국 창문 밖에서 온종일 풀풀 내리고

나뭇가지는 추워서

시간이 쌓일수록 두터운 목화 옷을 껴입었다

'닭의 모가지를 비틀어도 새벽이 온다'던 거산(巨山)은

미수에 객장 TV 속에서 하관되고

조급히 흐르는 시간을 아쉬워하던 사람들이

초침의 끄트머리를 부여잡아도 오늘은 갔다

다음 날 출근 벽두부터

귓바퀴에 쌓이는 소리, 전주 적설량 20cm…

- 「첫눈」 전문

시인에게는 모든 것이 이유가 된다. 우체국 창문 밖에서 온종일 풀풀 내리는 첫눈, 그 눈이 내리고 있는 이유는 "'닭의 모가지를 비틀어도 새벽이 온다'던" 김영삼 대통령이 여든여덟의 나이를 일기로 서거하였기 때문에 그 슬픔을 덮어주기 위함이었다. 시의 역할을 충실히 해내고 있는 것이다. 일반 사람들은 '몇 년 후에 꺼내보자.', '몇 년 후에 만나자'며 타임캡슐을 묻곤 한다. 어느 초등학교 교장

선생님은 그 학교 교무실 화단 앞에 책과 공책, 소지품과 선생님이나 학생들의 이름이 적힌 노트를 항아리에 넣어 묻으며 30년이 지난 오늘 자에 만나자고 했다고 한다. 그렇지만 그들이 다시 그날을 기억하며 되돌아와 그 항아리를 꺼낸 기록이나 뉴스 기사는 거의 없다. 지난 1994년 서울시에서는 서울 정도 600년을 기념해서 남산 아래 있는 한옥마을 위쪽에 타임캡슐을 묻었다. 그곳에는 당시 유행하던 삐삐, 게임기, 장난감, 옷, 교과서, 교복 등 600여 가지를 선정해서 묻고 600년 이후에 꺼내본다고 한다. 의도는 그렇지만 과연 그것이 600년을 무사히 넘기고 후세에 전해질 런지는 의문이다. 허용회 시인의 눈에는 첫눈이 오는 일이 그해 일어났던 모든 일들을 묻어주는 타임캡슐의 행사 같은 것이라 보여진다. 허용회 시인이 살고 있는 지방의 일기예보에 의한 "전주 적설량 20cm…"는 집과 차량과 나무와 사람의 마음까지 타임캡슐에 묻을 만한 적설량이다. 거기에는 거산 김영삼 대통령도 묻히고 "조급히 흐르는 시간을 아쉬워하는 사람들"도 묻히며 '아등바등하며 싸워온 오늘'까지도 조용히 묻히고 있는 것이다.

아들, 지환이는
대한의 아들이 되고자 군대를 갔다

그동안 모아온 청초한 추억들을
뇌리의 백사장에 묻어두고
폐부의 갈피에 애인 한 명쯤 숨겨
논산훈련소 25연대 입영 행사장으로 떠났다

'엄마 아빠 사랑해요'라는 말을 건네며

가슴을 맞댈 땐
아들의 눈시울이 금세 붉어지고
내 심장도 목울대까지 치켜 올라왔다

빛바랜 나의 군화 자국은
기억 저편의 언저리에 찍혀있을 뿐
흔적조차 없던 논산훈련소 연병장에
나 아닌 내가 서 있다

마모된 철모가 얼굴을 반쯤 삼키고
황토에 절은 훈련복장으로 핏대 세우며
행군 간에 군가를 불렀던 아리한 추억들이
아들의 낯빛에서 생수처럼 쏟아져 나온다

아들아
내가 걸었던 것처럼
너 또한 그 길을 가야만 한다

우리 함께 가슴 저미는 시련이 있을지라도

- 「다시 군대 가던 날」 전문

허용회 시인은 아들 지환이를 군대에 보내는 날 자신이 다시 군대에 가고 있는 심정을 느낀다. 그래서 이 시의 제목을 「다시 군대 가던 날」이라 붙인 것이다. 허용회 시인과 내가 거의 같은 나이또래이므로 느끼는 감정이다. 몇 년 전 아들이 논산훈련소로 입소할 때 나는 내가 대신 훈련을 받아주고 싶은 심정이었다. 아들이 논산훈련소 연병장에 모여 군인으로서의 이름을 호명 받고 내무반에 배치

되어 등을 돌리고 걸어갈 때 나는 1981년 3월 16일 훈련소에 입소하는 느낌을 가졌었다. 아마도 허용회 시인도 나와 같은 감정을 가졌던 것 같다. 그러니 "아들의 눈시울이 금세 붉어지고 / 내 심장도 목울대까지 치켜 올라왔다"고 말하는 것이다. 허용회 시인이 1980년대 초반에 군대를 갔으니 그때는 하룻밤이라도 매를 맞지 않으면 잠을 잘 수 없던 시절이었다. 개인의 자유가 철저히 유린당하던, 그래서 오로지 명령에 살고 죽으며 바짝 군기에 들던 우리네 시절의 군대생활과 지금은 많은 차이가 있다. 우리 속담에 "비굴한 것을 참아내는 것이 진짜 남자다."라는 말이 있다. 좀 치사하고 비굴해지며 얼차려를 받는 것은 군대에서만 기를 수 있는 인내심이다. 거기에는 허용회 시인의 말처럼 "우리 함께 가슴 저미는 시련이 있을지라도" 가야만 하는 고지, 즉 자유가 있기 때문이다. 허용회 시인과 내가 나라를 지켜왔고 이제 우리의 아들들이 그 자리를 대신할 차례다. 이 시를 읽고 있자니 허용회 시인처럼 "행군 간에 군가를 불렀던 아리한 추억들이 / 아들의 낯빛에서 생수처럼 쏟아져 나온"다. 각개전투 포복훈련 후 불렀던 어머니마음 노래에 대한 감동이 목까지 차오른다.

골동품에는
땟국이 젓국처럼 스며있다

적송을 켜 만든 진열장을
한 자리씩 차지하고 있는 골동품들은
어느 시린 땟국이 덕지덕지 붙어 있을지라도
기시감이 들어 낯설지 않다

나는
어느 누대 어머니들의 땟국이
흠씬 묻은 개다리소반 위에
양푼 한 개와 접시 몇 개를 올려놓고
어매의 땟국물로 차려진 콩나물무밥을 먹어본다

언젠가, 군 제대 후 초년
동부시장[26] 왕대포 집에서 병치 회와 깻잎을 안주 삼아
소주병을 비워내던 땟국물도
뇌리의 꼬질꼬질한 골을 타고 흘러내린다

땟국물을 그리워하는 내게
세월의 땟국은 먼지처럼 쌓여 가고
내 여자에겐 인연의 땟국물이 난마처럼 얽혀 간다

젓국처럼 감칠맛 나는

– 「땟국, 골동품 경매장에서」 전문

작가는 자기 자신이 사는 고장을 아끼고 사랑해야 한다. 자기가 살고 있는 환경을 아끼고 사랑해야 한다. 지금 자기가 쓰고 있는 물건에 애착을 가져야 한다. 그리하여 그 고장과 환경과 물건을 자신의 작품 속에 등장시키고 기록하며 후대에 전하여 훗날 당시 그 지방에서는 어떤 풍습이 있었고, 어떤 것을 먹고 살았으며, 어떤 도구를 사용했다는 것을 보전하여야 하는데 허용회 시인은 그 역할을 충실히 해내고 있는 중이다. 많은 시인들이 현대시를 쓴다며 작품의 소재를 현대적인 것, 즉 컴퓨터나 자동차, 건물

---

26) 전주시 완산구 교동에 위치한 재래시장

등에서 찾는 경향이 있다. 그러나 그것은 옳지 않은 생각이다. 허용회 시인처럼 가장 현대적인 것은 지금 자신이 살고 있는 환경이다. 자신의 환경이야 말로 최고의 소재이며 제재이다. 모든 유명작가들은 자신의 고향이야기, 부모님 이야기, 환경이야기를 써서 유명해졌다. 본인이 살아보지도 않은 다른 지방의 이야기를 써서 유명해진 작가는 아무도 없다. 이를테면 박경리 작가는 『토지』 라는 작품을 40년 동안 써냈는데, 자신이 살아온 환경에 출현된 모든 사람의 이야기를 소설로 극화하였다. 또 하나의 대표작이라 할 수 있는 『김약국의 딸들』 은 실제로 자신의 아버지가 운영한 약국의 이야기이며 딸들은 자신의 형제들에 관한 이야기라고 한다. 현기영 작가 역시 자신이 태어난 제주를 사랑하고 아끼며 기록하여 최고의 작가가 된 사람이다. 그는 제주 민중의 삶을 치밀하게 탐색하여 '4.3 작가'로 불리고 있는데 제주 4.3연구소 소장 등을 역임하며 꾸준히 4.3 관련 활동을 펼쳤다. 그리하여 그는 1978년 제주도 4.3사건을 작품화한 중편소설 『순이삼촌』 을 발표하면서 제주도의 민중사를 본격적으로 다루는 문제작가로 문단의 주목을 받게 되었다. 1999년에 발표한 자전적 성장소설 『지상에 숟가락 하나』 는 한국 현대사를 아우르는 서사성과 제주도의 자연을 묘사한 서정성이 조화를 이루어 1990년대 소설문학의 최대 성과의 하나로 평가받는다. 최근 『채식주의자』 란 작품으로 맨부커상을 받은 한강이란 작가의 아버지인 한승원 작가는 『보리 닷되』 라는 자전적 소설로 주목을 받았는데 그 작품 역시 '보리 닷되'를 가지고 연명해온 자신의 환경과 삶 이야기다. 이렇든 모든 작가들은 자신의 환경과 가족, 이웃 친구들의 이야기를 써내서 최고가 되었는데, 허용회 시인이 전주시 완산구 교동에 위치한 동부시장의 골동품 가게 이야기를 써낸 것은 참으로 바람직한 일이 아닐 수 없다. 그의 말처럼 "골동품에는 /땟국이 젓국처럼 스며있다" 그리하여 그 골동품들을 가만히 들여다보면 "어느 누대 어머니들의 땟국이 / 흠씬 묻은 개다리소반 위에 /양푼 한 개와 접시 몇 개를 올려놓고 / 어매의 땟국물로 차려진 콩나물무밥"이 있는데 우리는 이 시를 읽으며 실제로 이를 먹어보는 듯한 착각을 일으키게 한다. 그의 말처럼 "동부시장 왕대포 집에서 병치 회와 깻잎을 안주 삼아 / 소주병을 비워내"고 싶다. "젓국처럼 감칠맛 나는"…….

아래 시 한 수를 더 읽어보자. 이 시 역시 위의 분위기인 자신이 살고 있는 환경을 소재로 쓰여진 작품이라 할 수 있다.

> 강남에서 돌아온 지지배배 소리와
> 제주 유채꽃의 노란 향기는 산허리를 휘감으며
> 먼 산 계곡의 숨 트인 물줄기를 따라서 처마 밑으로 왔다
>
> 이맘때쯤 엄닌
> 겨우내 미루고 묵혀왔던
> 이불 홑청을 양가죽 벗겨내듯 홀렁 벗겨
> 마을 앞 또랑에 자리를 틀고 앉아
>
> '추워야 가라
> 땀내 절은 묵은 때도 가고
> 지저분한 가난도 떠내려가라'는 듯

쑥비누를 흠뻑 먹여
빨랫방망이로 힘껏 두들겨 팼다

식구들의 목구멍을 책임지던 밥통이
한 자리 차지하고 있던 22공탄 아랫목에
엄니가 증기기관차처럼 입김을 내뿜으며
언 손을 집어넣으면

개켜진 노리끼리한 목화솜이
구석기 시대의 오줌싸개가 그려놓은 듯한
어느 군주시대의 전도를
제 몸에 문신한 채 벌쓴 듯 윗목에서 무릎 꿇고 있었다

– 『봄맞이』 전문

이 시는 유년 시절 허용회 시인의 어머니가 봄이 되면 마을 앞 또랑에 나가 이불빨래를 하던 풍경과 22공탄 연탄을 때고 살던 그 시절 풍경을 재현해놓은 작품이다. 동네 빨래터에 나와 양잿물과 쌀겨를 섞어 만든 쑥떡 빛깔의 빨랫비누인 쑥비누로 쥐가 오줌을 싼 듯 지도가 그려져 있는 이불호청을 쓱쓱 문대켜서 빨랫방망이로 치대던 어머니들의 풍경이 눈에 선하다. 당시 빨래터는 여인들만의 공간이었다. "언 발에 오줌 누기"란 말이 생겨난 곳도 그곳이다. 한겨울 빨래를 하며 얼마나 손발이 시렸으면 제 발에 오줌을 누었을까? 잠시라도 추위를 모면하고 싶은 우리네 어머니들의 고생스런 삶이 나타나는 속담이다. 여인네들은 그 마을에서 생겨나는 이야기며 울분과 스트레스를 빨래터의 만남을 통해 해소하였다. 점점 세지고 빨라

지는 빨랫방망이는 남편과 시어머니에 대한 원망이 녹아 있었고, 벗어나고 싶은 가난과 고된 시집살이를 빨래에 풀어냈던 것이다. 지금은 시골에 가도 모두 기름보일러와 가스보일러를 가동해 난방을 해결하고 산다. 일부러 나무 때는 아궁이를 놔둔 집을 제외하고는 모두 보일러로 바뀌었다. 때문에 아무리 추워도 큰 추위를 느낄 수 없다. 그러나 예전에는 장작이 그리 흔하지 않아 지푸라기를 때서 밥을 짓고 군불을 때던 시절이 있었다. 초저녁부터 불을 지핀 온돌방에도 웃풍이 심해 방안에서도 입김이 허옇게 나오고 아침에 일어나면 간밤에 떠다 놓은 물그릇이 고봉으로 얼던 생각이 아련하다. 그렇게 추운 방일수록 가족들은 서로의 몸을 껴안으며 잠을 청해 그 정이 더욱 도타울 수 있었던 것 같다. 그렇게 추운 방에서 화로를 끼고 앉아 이를 잡고 참빗으로 머릿니를 잡아주던 시절은 가고 없지만 그땐 너나없이 가난해도 행복했던 것 같다. 이 시를 읽으니 공광규 시인의 시 「얼굴 반찬」이 생각난다. 잠시 그 시를 읽어보자. "옛날 밥상머리에는 / 할아버지 할머니 얼굴이 있었고 / 어머니 아버지 얼굴과 / 형과 동생과 누나의 얼굴이 맛있게 놓여있었습니다 / 가끔 이웃집 아저씨와 아주머니 / 먼 친척들이 와서 / 밥상머리에 간식처럼 앉아있었습니다 / 어떤 때는 외지에 나가 사는 / 고모와 삼촌이 외식처럼 앉아있기도 했습니다 / 이런 얼굴들이 풀잎 반찬과 잘 어울렸습니다 / (중략) /밥상머리에 얼굴반찬이 없으니 / 인생에 재미라는 영양가가 없습니다."라는 내용의 시다. 공광규 시인의 말은 너무나 공감이 가게 들려온다. 옛날에는 오남매 육남매의 형제와 함께 할아버지 할머니도 함께 사는 대가족사회였다. 게다가 친척들까지 오게 되면 그야말로 반찬 없이 얼굴만 봐도 신이 나는 '얼굴반찬'의 시대였다. 그런데 요즘은 반찬은 거해졌지만 마주앉아서, 빙 둘러앉아서 함께 밥을 먹고 싶지만 그럴 사람이 없다. 얼굴반찬이 없으니 재미가 없다는 공광규 시인의 말이 공감되는 부분이다. 우리는 허용회 시인의 시 「봄맞이」와 공광규 시인의 시 「얼굴반찬」을 통해 우리는 지나간 과거를 회상하고 성찰한다. 지금은 목화솜을 틀어주는 솜틀집도 골목에서 사라지고 무거운 목화솜이불을 덮는 집도 없어졌다. 나도 아내가 시집 올 때 장모님께서 손수 농사지어 만들어 보내신 목화솜이불을 차마 버리지 못하고 장롱에 묵히며 살고 있다. 덮지는 않아도 그 목화솜이불은 돌아가신 장인어른과 올해 93세 되신 장모님의 사랑의 징표 같은 존재이기에 가끔 장롱을 열다 보이는 그 목화솜이불은 장인어른께서 생전에 내게 "모쪼록 열심히 살아야 허네."라고 해주시던 따스한 말 한 마디 같은 것이다. 과거를 회상해서 현실을 도모하고 나를 추스르는 시는 시의 묘사, 관찰, 상상과 함께 성찰이라는 중요한 기능 중 하나라 할 수 있다.

꾸리꾸리 구린내가 난다
콧구멍을 틀어막고 얼굴상은 잡상(雜常)이다

두리번거리다 시선이 머문 곳은
잔디밭 위에 잘 차려진 개똥밥
쉬파리 큰 검정파리가 맛있게 식사 중이다

지글지글 단내가 난다

눈구멍을 틀어막고 얼굴상은 초상집이다

두리번거리다 코끝이 머문 곳은
아궁이 속에 박아놓은 군고구마
아이들이 숯검정을 묻혀가며 시식 중이다

반질반질 찌든 내가 난다
눈구멍을 활짝 열고 얼굴상은 쿤타킨테[27]다

두리번거리다 시선이 머문 곳은
백만장자의 지갑
가슴 시린 사람들이 즐겨 찾는다

솔솔 장(醬) 내가 난다
콧구멍은 돌아눕고 얼굴상은 오사리잡놈이다

두리번거리다가 발과 세 치 혀가 머문 곳은 솔섬
한 번도 마르지 않았으나 종그라기가 없는 새암
구수한 장맛 아는 사내들이 즐겨 찾는다

- 『냄새나는 곳에 유혹이 있다』 전문

지금까지 위에서 예를 든 시들은 일반 시인들의 시와 유사한 작품이다. 그러나 그의 시에는 분명한 목소리가 있다. 표제로 채택된 이 시 「냄새나는 곳에 유혹이 있다」는 그런 관점에서 보면 문학작품은 완전한 개인의 목소리임을 작가는 증명하려고 한다. 우리는 자꾸만 냄새가 나는

27) 노예 사냥꾼에게 붙잡혀 최초로 미국에 끌려간 흑인 조상의 이름

곳을 두리번거리며 산다. 많은 국회에 대하여 욕을 하거나 흉을 보면서 사실은 본인이나 자기 자식이 국회의원이 되길 희망한다. 갑부에 대하여 손가락질을 하면서 누구나 부자가 되길 희망한다. 저렇게 비싼 음식을 먹어도 똥이 되고 된장찌개를 먹어도 똥이 되는 것은 마찬가지인데 왜 한 끼에 몇 십만 원씩 하는 비싼 음식을 사먹는지 모르겠다고 비아냥거리면서 상어지느러미요리나 곰발바닥요리, 제비집요리 등의 식사에 대하여 유혹을 당한다. 그러나 시인은 그런 냄새나는 곳의 유혹은 부질없는 것이라는 아이러니를 선사한다. 이를테면 냄새나는 곳에 가 보아야 별 볼일 없으니 그냥 내 삶에 충실하는 편이 났다는 일종의 패러독스다. 시인이 쓰고 있는 몇 가지 예를 든 후 자신의 주장을 은근슬쩍 끼어 넣는 수법도 절창이다.

이상에서처럼 허용회 시인의 시 몇 편을 읽으며 그의 시세계를 살펴보았다. 필자는 시를 통해 무엇을 말하려 했을까? 자신의 목소리를 내고 싶은 것이다. 제도권에 대하여 정치에 대하여 현실에 대하여 자신의 목소리를 내고 싶은 것이다. 프랑스의 정신분석가 미셸 푸코는 『저자란 무엇인가』 라는 책에서 "인류 역사를 통해 스스로 이성적이고 정상적인 것을 규정하는 법칙들이 자신들과 상치되는 모든 다른 것을 제외시키고 침묵시켰다."고 주장했다. 이 말은 어느 제도권에 들거나 문단활동을 하지 않는 사람은 스스로 침묵하게 된다는 말로 들린다. 푸코는 또 "사람들은 누구나 보이지 않는 법칙들과 규제들이 내리는 지시 속에서 글을 쓰게 되며, 그것을 거부할 경우에는 제도적 권력에 의해 제외되고 침묵당해 왔다"고 주장하면서

"순수한 중성적 지식의 존재를 부인하고 지식에 대한 의지와 권력에 대한 의지가 표리를 이루고 있음"을 지적한다. 그렇다면 허용회 시인의 시는 과연 "보이지 않는 법칙들과 규제들이 내리는 지시"에 굴복하고 있는가? 나는 그렇지 않다고 본다. 허용회 시인의 시는 스스로 존재하며 어떤 지시나 제도의 권력에 순종하지 않는다. 그의 시적 목소리는 충분히 우리의 주목을 끌만하다. 그의 시들은 하나같이 세심한 관찰로부터 시작된다. 오랫동안 그윽하게 관조하며 바라볼 줄 아는 그의 눈은 깊은 심안을 가졌다. 그리고 그 관찰을 통해 그는 자신을 되돌아보고 추스르는 성찰로 이어나간다. 그리고 성찰을 통해 또다시 "세상은 살아볼 가치가 있다."는, 그리하여 "모든 환경은 자신을 성장시키는 요인이며 우리는 주변을 통해 스스로 일어서야 한다."는 자신의 목소리를 내고 있는 것이다. 그가 이 시집의 <시인의 말>에서 "신선한 충격의 시를 만나고 싶어"라고 밝힌 것처럼 내게는 신선한 충격이었다.

우리 <스토리문학>으로 등단하여 훌륭히 성장해가는 허용회 시인에게 큰 응원의 박수를 보내며 세 번째 시집의 출간을 진심으로 축하드린다.

국립중앙도서관 출판예정도서목록(CIP)

이 도서의 국립중앙도서관 출판예정도서목록(CIP)은 서지정보유통지원시스템 홈페이지(http://seoji.nl.go.kr)와 국가자료공동목록시스템(http://www.nl.go.kr/kolisnet)에서 이용하실 수 있습니다.
(CIP제어번호 : CIP2016016686)

허용회 시집
냄새나는 곳에 유혹이 있다

초판인쇄일 2016년 7월 25일
초판발행일 2016년 7월 30일

지은이 : 허용회
발행인 : 김순신
편집장 : 전하라
디자인 : 김초롱
펴낸곳 : 문학공원
등 록 : 2004년 3월 9일 제6-706호
주 소 : 우편번호 03382 서울 은평구 통일로 633
녹번오피스텔 501호 스토리문학사
전 화 : 02-2234-1666
팩 스 : 02-2236-1666
홈페이지 : http://cafe.daum.net/yob51
이메일 : 4615562@hanmail.net

※ 책값은 뒤표지에 있습니다.

※ 이 시집은 『전라북도문예진흥기금』을 지원받아 출판되었습니다.